T0149310

La Carrera de la Salud Mental

Porque sólo en la piedad
y la paciencia podrá este
cruce ser liberado

DR. CARLOS BERRIOS

LA CARRERA DE LA SALUD MENTAL PORQUE SÓLO EN LA PIEDAD Y LA PACIENCIA PODRÁ ESTE CRUCE SER LIBERADO

Puede hacer pedidos de libros de iUniverse en librerías o poniéndose en contacto con:

iUniverse
1663 Liberty Drive
Bloomington, IN 47403
www.iuniverse.com
1-800-Authors (1-800-288-4677)

ISBN: 978-1-5320-7940-5 (tapa blanda)
ISBN: 978-1-5320-7939-9 (libro electrónico)

Número de Control de la Biblioteca del Congreso: 2019911318

Información sobre impresión disponible en la última página.

Fecha de revisión de iUniverse: 08/07/2019

Dedicatoria

Le dedico este libro primero que todo a Dios,

porque sin Él, nada es posible.

A mi esposa Juleiry De La Rosa,

hijas, Dahlia y Carumi, gracias

por su apoyo incondicional e inspiración.

Le dedico también este libro a mis pacientes,

ya que fue escrito con ustedes en mente.

A mi país Puerto Rico,

que a pesar de las múltiples dificultades

políticas y ambientales, seguimos en pie.

Que este libro les sirva de inspiración a los que lo lean,

para que de la obscuridad salga

el amor que hay en cada uno de nosotros y que

no temamos a brillar como las estrellas.

Contenido

Ponte En La Línea

orque tú pienses que no eres un milagro, el Universo no deja de ser menos milagroso.

La decisión que debemos tomar como Albert Einstein nos explica, es si vivimos en un Universo hostil o amigable.

La ilusión de los sentidos nos hace creer que el placer es donde está el bien. Sin embargo, los sentidos empíricos nos alejan de la realidad de esta vida, donde el héroe es visto como un resultado final, sin ver el sacrificio que le tomó llegar a ese estado energético o nivel de conocimiento.

La humildad es lo que permite el análisis de los fracasos, honestamente. Es en la humildad donde podemos crecer en nuestros talentos, ajustando y tonificándolos, según vivimos las experiencias. La vida es un gran experimento y aprendemos a través del resultado, a encontrar la manera correcta de vivirla. Como Einstein explica, la locura es hacer lo mismo esperando un resultado distinto.

Los padres fallamos en tratar de reducir el sufrimiento de nuestros hijos como un bien. Lo cierto es que esto los aleja de saber la verdad, que la vida es una dualidad del bien y el mal. Esto les causa un desbalance a nuestros hijos, ya que se dan cuenta más tarde de la realidad de necesitar ser auto suficiente y de expresarse sin miedo a ser criticados. Que es en el fracaso (sufrimiento) que nos convertimos en la mejor versión de nosotros mismos.

Muchas veces queremos que nuestros hijos sean héroes económicos, en vez de un hombre o mujer de respeto. Individuos que reconocen los riesgos de la vida y buscan el buen camino, aunque sea más difícil.

Nuestro cerebro nos crea la falsa ilusión de pensar que estamos seguros y esto nos causa desmotivación, especialmente al joven de nuestra generación. No vemos que en cada esquina hay un riesgo en lo que dejamos de hacer por las distracciones. No hacemos ejercicios, ya que se asocia con dolor, sin saber que la inactividad representa mayor riesgo para nuestra salud.

Que la enfermedad vascular es la primera causa de muerte. Somos indiferentes a los riesgos.

Con el tiempo nos invade el miedo y la desilusión de la vida que pudo ser. Dejamos de vivir, de crecer, de tomar riesgos. Nadie quiere cargar la cruz, ya que el más fuerte debe ser servidor del más débil. Es sirviendo que se recibe la abundancia, cuando somos colaboradores con el Universo. Donde sembramos o irrigamos el amor en los demás, ya que el fruto lo da la Creación, tanto al servidor como al servido. El maestro se convierte en alumno y el alumno en maestro.

La fe y el creer son una prueba de paciencia. Donde uno pone los pensamientos y el esfuerzo hacia el desarrollo de una meta.

La ira es la debilidad y la inseguridad donde sentimos que debemos protegernos de las injusticias de otros contra nuestro ego. Donde juzgamos para no ser juzgados. No hay salidas fáciles. La ira nos separa de los otros en vez de unirnos. Como Wayne Dyer decía, no tenemos razones para estar resentidos. La fuerza de voluntad y no la ira, es la energía que le da vuelta a las llantas del carro.

Creer en la fuente (DIOS) sin importar el cambio de nuestras circunstancias, ya que Él no va a dejar de ser milagroso. Nuestra propia existencia ya es un milagro.

¿Dónde yo puedo colaborar con Dios con mis talentos? Esto Dios sólo te lo puede revelar, ya que Él es el que abre caminos donde no los hay. La pregunta es: ¿hacia dónde Él dirige mi corazón? ¿Hacia dónde siento el fuego, la pasión? Muchos tratarán de apagar esa luz en tí, de implantar miedos y razones por las cuales no debes seguir tu sueño, tú sólo escucha tu corazón, ya que tú vives para manifestar la fe del que te creó. En tu honestidad encontrarás limitaciones, pero no dudes que, si Él lo puso en tu corazón, Él te enseñará el camino que debes andar. Las pruebas vendrán y sus montañas tendrás que escalar, pero si te mantienes en fe, verás que cada día eres una mejor versión de tí mismo. Que encontrarás más fácilmente dónde pisar y de dónde agarrarte para llegar a la cima cada vez más rápido.

Hay que aprender a tomar una decisión hacia lo que anhelamos y mantenernos firme sobre ella. Evitando quedarnos en la indiferencia. Asumiendo lo bueno y lo malo de nuestra decisión para llegar a cumplir nuestro destino.

La complejidad del Universo es infinita, por lo tanto, el crecimiento es infinito.

¿Vemos la vida como una obligación en vez de una oportunidad? Cada día es una oportunidad para aprender a amar, de liberarnos de ese amor egoísta que nos ciega. Es como el niño que quiere el amor de sus padres sólo para él y por eso hace cualquier cosa para llamar su atención. Ello sin entender que el amor necesita límites y que hay su tiempo para dar amor y para recibirlo. Como decía San Francisco de Asís; "que yo entienda Señor que dando es que se recibe".

Todos nacemos con este amor egoísta (que queremos ser reconocidos). La estrella, el héroe, sin saber que somos llamados a ser colaboradores.

Mentalidad de orden de colaboración:

1) Poner a Dios (Universo, Creación) primero
2) Familia Segundo
3) Trabajo tercero (amor al prójimo) (amar sin recibir) (no juzgar)

Si quieres progresar recuerda que tienes que arriesgarte y ponerte sobre la línea. Ya que todo camino siempre empieza con ese primer paso.

A Tu Paso

*L*a ansiedad es como ese corredor que sale a todo trote pensando que, porque sale rápido, llegará primero. Sin embargo, estos son los primeros que se quedan atrás en la carrera, ya que la vida no es una carrera de cien metros, sino un maratón. Hay que aprender a llevar un paso firme en la mente, para que los obstáculos y las distracciones del día, no nos hagan perder de vista la meta. Para vencer la ansiedad debes poner tu fe en Dios (creador, Universo). No querer llegar antes de tiempo sin pasar por el sufrimiento del camino. No hay camino fácil. Todos tenemos miedos, pero debemos ser valientes y perseverar poniendo nuestro enfoque en la meta, sin olvidar el momento presente, ya que es en el presente donde manifestamos la fe para un mejor futuro. Como dice Michael Jordan; "no puedo aceptar no haberlo intentado".

Sin tu acción el plan de Dios (Universo) para tu vida no se puede llevar a cabo. El aprendizaje sin acción no es nada.

El que ama lo da todo. Es el que más arriesga, pero a la misma vez el que más gana.

El que verdaderamente ama algo, está dispuesto a sacrificarlo todo por llegar a su meta.

Mas luego verás y verás como fuiste conocido. Verás la ilusión de tu pecado, mas ya no serás preso de él. La ilusión es creer que seguimos siendo la misma persona cuando podemos ver ya quien éramos.

La madurez es aceptar que la experiencia ya nos ha cambiado.

Despertar de la ilusión de que todo se queda igual. Ya que todas las cosas en el Universo están sujetas a cambio. El Universo te ha dado la oportunidad de dar buen fruto.

La vida es bidireccional, el individuo tiene la decisión de tener crecimiento hacia el bien como el mal a la misma vez.

La depresión representa a los corredores que nunca llegan a la línea o piensan que no son los suficientemente buenos y que van a fracasar. Que tiene la expectativa a veces muy altas. Lo rígido es fácil de romper, sin embargo, lo flexible se adapta. Hay que aprender a no rompernos nosotros mismos. Seamos nuestro mejor amigo. No es que Dios (Universo) no cree en tí, sino que tú no crees en ti mismo. La duda te asecha. Pedro se hundió por su propia duda no porque Cristo dejara de creer en él. Tener fe en uno mismo es lo que espera el Universo. Ya que el Universo es provida, siempre busca sanarte.

Es parecido cuando tenemos un virus, casi nunca se les dan medicamentos a los pacientes, pero su sistema inmunológico se activa y localiza y erradica la infección de su cuerpo. Siempre nuestras células buscan protegernos, mantenernos en el balance perfecto, son nuestras colaboradoras en esta vida. Esto ocurre sin nosotros poner ningún esfuerzo. Es como un acto de magia, un milagro que no apreciamos.

Gracias por la oportunidad de amar lo que tú has creado Dios (Universo).

No es cuando el camino está fácil que demostramos amor, sino en la dificultad es que demostramos de lo que estamos hechos.

Hay que aprender a respetar las debilidades de cada cual y ser piadoso y tratar de superarlas en amor. Ya que todo mal se supera a través del bien. Es mejor demostrarle el camino con el ejemplo de tu esfuerzo.

Enfócate como la serpiente y se libre y sencillo como la paloma. La felicidad es saber a qué extremo te encuentras y re balancearte.

El más feliz es el que puede ser feliz con menos. Si tu autoestima depende de menos cosas, más fácil te podrás sentir contento con tu vida.

Por esto dicen que el pobre es más feliz que el rico. Ya que con menos cosas que dependa mi felicidad más autoestima tendré.

Si tu autoestima depende de mucho, será más fácil caer en la depresión y ansiedad. Hay que bajar la expectativa.

Tu autoestima no debe depender de resultados, ya que no podemos convertirnos en el resultado de la experiencia. Somos seres en crecimiento espiritual, por lo tanto, no somos prisioneros de la dualidad. Mañana puedes triunfar. Vive sin límites como límite, como la famosa expresión de Bruce Lee.

El triunfo no puede ser un resultado, sino el crecimiento progresivo espiritual de convertirnos en la mejor expresión de mí mismo cada día.

Cuando aprendes a depender de menos logras más. No es que no logres grandes metas, es que, si tu autoestima depende de menos, estarás en la posición de lograr más.

Después de un gran ejercicio físico o mental, es necesario el descanso y recreación. Como parte de tu entrenamiento debes incluir el reposo diario a tu rutina. Debes prepararte cada día para una nueva carrera.

La Meta Está Cerca

El que elimina las excusas y las distracciones es el que más alineado está para alcanzar sus metas más rápido. Debemos aprender a enfocarnos en la meta o bendición para sobrellevar las dificultades de las circunstancias y labores.

No preguntándonos por qué esto me pasa a mí. Porque en el cuestionar es cuando desarrollamos las excusas que nos desalinean de nuestras metas. La pregunta que te debes hacer es qué puedo hacer para mejorar mi situación. Qué nueva habilidad o técnica necesito para ser exitoso.

En la honestidad y la humildad reside la más grande fortaleza. Es reconocer nuestras faltas y aceptar la responsabilidad. Esto es lo que hace que uno sea un gran líder para ti mismo y los otros.

La felicidad está en el balance, no en los excesos. El ego es nuestro peor enemigo a la felicidad.

Cuando tengas un mal día y pienses que la vida no vale la pena vivirla, vuelve a la belleza y el placer. Que están para recordarnos de las bendiciones y cosas buenas que Dios nos ha dado. Ya que la tristeza se vence con alegría. A la misma vez analiza la prueba que acabas de pasar para que no vuelvas a cometer el mismo error y se fácil para perdonarte, sabiendo humildemente que todos cometemos errores. No caigas en el error de alimentar el ego criticando a los otros y a ti mismo para tratar de enaltecerte o asumir el rol de víctima. El que no juzga la experiencia no se convierte en ella, por ende, no es preso de la dualidad. Sabe que es un ser en crecimiento espiritual y esto hace más fácil re balancearse. Es difícil predecir si el otro tiene buenas intenciones y si tus acciones producirán buen fruto para todas las partes. No es tu deber ser juez ni de ti, ni de otros, gracias, Dios por esto. A veces solo queda seguir adelante a pesar de que se esté sufriendo, sabiendo que hay un mañana cada día y una nueva carrera que correr que es independiente de la anterior.

El ego es como una sombra que me sigue y siempre busca enaltecerse, para hacerme preso, para que entre en mi realidad el miedo y la duda. Quiero Señor ser libre como la paloma en su humildad y sencillez, para que se haga tu voluntad Padre y no la mía. Dile a esa sombra, no tienes control de mí, estás fuera de este jardín. Porque este jardín sólo verá la voluntad de mi Padre, manifestada en la colaboración de sus obras que Él ha puesto de antemano, para que yo obre sobre ellas con buena voluntad. Gracias, Padre porque tú me amaste primero. Que yo sea instrumento de tu esperanza en este mundo como en las noches tus estrellas. ¡Que sentimiento da ser amado y amar lo que tú has creado! Amén.

En la tristeza encuentro la voluntad y en la alegría la belleza.

La serpiente es enfocada, huye del mal, es pasiva y amonesta si es necesario. La paloma es humilde, sencilla y alegre.

La vida es un maratón, debemos ponernos sobre la línea diariamente, ya que el que corre, aunque llegue último, ha superado a todos los que no corrieron. La clave es ir al paso para no perder el balance. El que va al paso logra más.

Debes aprender a llevar tu mente al paso para que cada cuesta, distracción o cambio, no tome tu paz. Debes fluir con los cambios en la ruta a tu paso.

Todos somos creadores de la carrera que estamos corriendo y podemos cambiarla.

Cada mañana al despertar decide llevar tu mente al paso para cada carrera nueva.

Recuerda, tú eres el creador de tu carrera. Si no te gusta tu trabajo cámbialo, sin no te gusta tu rutina cámbiala. Crea la carrera que tú quieres correr cada día. Poniendo en ella diariamente más belleza, felicidad y amor.

No buscar externamente para llenar el vacío. Sino en nosotros mismos, ya que debemos analizar nuestros pensamientos y creencias, a ver si están en alineación con mi meta o la vida que quiero vivir.

Debemos ver el sufrimiento de otros y dejar de ser indiferente a él para transicionar de un amor egoísta de niño, a un amor comprometido en dar frutos en las otras personas y en nosotros mismos. Un amor que riega la planta todos los días que es provida. Porque es en la compasión donde toda relación echa raíces.

Un fracaso en el pasado no define tu futuro. No guardes resentimiento, perdónate. Vive en el presente esperando triunfar nuevamente.

El Universo para mí es una oportunidad. Debemos elegir visualizarnos en un mundo amigable a nuestro favor. Ya que nos convertimos y atraemos a nuestras vidas las cosas que pensamos y sentimos todo el día.

Aprende a elegir y enfocar pensamientos y sentimientos que te permitan fluir y progresar.

El amor es lo que permite que la humildad y comprensión crezcan en nosotros. No es a través de pelea que se erradican los miedos internos más rápido, sino a través de la humildad y compresión de uno mismo. El amor es la fuerza de voluntad que lo vence todo, es paciente.

El amor de Dios está conmigo donde quiera que yo vaya. En la situación que estoy es de la que debo aprender porque no es por coincidencia. ¿Por cuánto tiempo podemos pelear contra nosotros mismos para lograr lo que Dios nos regala, que es vivir en abundancia? Porque debe ser de su gracia que debo llegar donde tengo que llegar y no la mía. Gracias Dios por esto.

Todos debemos derramar el amor de Dios en algo que Él nos llamó a hacer.

Visualízate en relajación logrando lo que anhelas. Así siembras en tu mente subconsciente las semillas que, si sigues irrigando con amor, darán buen fruto.

Porque el que persevera en el amor, encontrará la salida.

La dificultad está para demostrar nuestro amor. Sin dificultad nuestro amor no se pondría a prueba. Porque es en la prueba que perfeccionamos nuestro amor. Nadie quiere un amor falso o débil. La vida es donde decidimos amar con seriedad y pasión.

Es como ese corredor que comienza a trotar en la playa, al principio observa el placer del paisaje, el sonido del mar y el sentir de la arena y se moviliza casi sin esfuerzo disfrutando la corrida. Dependiendo de su condición física, tarde o temprano la corrida se convertirá en dolor en las piernas, debido a que la arena causa que sus pies se hundan más profundamente, el sol lo comienza a deshidratar y la fatiga empieza a sentirse. En este momento es cuando la mente te dice párate, no continúes, ya no es placentero la corrida. Sin embargo, es en este momento donde empezamos a ganar más condición física, porque estamos estimulando un cambio fisiológico que hará que los músculos crezcan y el sistema cardiorrespiratorio aumente en función. Este es el momento donde empezamos a correr en espíritu y no en la carne, donde empezamos a convertirnos en el corredor que queremos llegar a ser. El que logra entender el propósito de Dios es feliz, ya que vive en espíritu y no en la carne, porque el fruto del espíritu es paz y gozo para la mente y el alma.

El que no aprende a vivir en espíritu no da buena cosecha, ya que pone límites a su abundancia.

El vaso que tengo no es mío sino de Dios y debo cuidarlo con recelo y respeto. Que todo mal viene de nuestra propia concupiscencia que lleva a la muerte (pecado). Dios te va a reclamar la administración de este cuerpo, que es un regalo divino y vale más que el oro pulido, ya que tiene conciencia, que es el regalo más grande que se recibe. Hay que cuidarlo como tu vaso favorito el cual no le das de beber a desconocido de él.

No le des de beber de tu vaso, más dale de beber de su propio vaso. Ya que, bebiendo de su propio vaso, deja de envidiar el vaso ajeno. Así se encuentra que el regalo que buscaba ya lo tenía en sus manos.

Porque los miedos y limitaciones son míos y no tuyos señor, déjame ver y entender tu gracia. Porque es caminando de tu mano que podré ver la gracia y abundancia que tú ya tenías para mí planificada.

La dádiva está en aprender a amarnos a nosotros mismos con nuestros defectos y a los demás con los suyos. Respetándolos y reconociéndolos no para criticarlos, sino para superarlos en humildad y amor. El amor no se limita a una relación perfecta sino piadosa.

Para sanarte mentalmente, debes abrir tu hogar que está cerrado, sino por la puerta, por las ventanas. Porque el que persevera busca la manera de abrir la puerta de la salud mental. Como Pedro nos regala esta dádiva sobre la perfección de la virtud y la fe: "al conocimiento, dominio propio, al dominio propio, paciencia, a la paciencia, piedad, a la piedad, afecto fraternal, y al afecto fraternal, amor".

El que aprende a domar el cuerpo y la mente que brota concupiscencia, aprende a andar en el espíritu. Las olas vendrán y lo atacarán, podrán destruir su carne, pero nunca quebrantarán su espíritu.

El árbol florido todos lo ven y lo aprecian de día, pero cuando cae la noche y las flores no se ven, la duda asecha de si está florecido. El que mantiene por fe que el árbol está florido de día y de noche, el Padre vendrá a él. El Padre que está en secreto se encuentra en secreto. Pero cuando se haya, te ilumina con su paz y amor.

No nos cansemos de dar la buena batalla, porque la fe sin obras es árbol seco. Pero la fe con obras es el árbol lleno del espíritu divino que da el buen fruto.

Espero que recojas en la meta tu buena cosecha.

No busques enaltecerte, sino se agradecido, ya que al igual que Dios está contigo, está con ellos.

No hay ser humano más feliz que el que vive agradecido con la tristeza y alegría. Sin tristeza no se logran objetivos grandes. Es como el que vive agradecido con sus hijos, con la tristeza y la alegría que ellos traen a nuestras vidas.

No debo enaltecerme ni asumir el rol de víctima. No debo pensar que hay obra grande o pequeña que no pueda realizar. Sino estar agradecido, no quejarse o criticar para no caer en el pecado de la envidia y de ser perezoso. Ya que todas las obras fueron puestas por el Padre para inspirar esperanza y caridad con el prójimo. Solo dentro de la paciencia, piedad y humildad de Cristo, seremos verdaderamente libres.

Es en nuestras debilidades y no en nuestras fortalezas que Él está dispuesto a cargarnos. Es en la debilidad que te conviertes cada día más como Él. Sólo deja que Él te transforme. Es reconociendo tus defectos y limitaciones, teniendo la paciencia y piedad para superarlos, que mejoras la relación con Dios, contigo mismo y con los demás.

La debilidad más grande no es la física sino la psicológica. Porque la salud mental está atada directamente a tu crecimiento espiritual. Si te realizas espiritualmente, serás verdaderamente feliz porque sabrás la verdad y serás libre.

¿Te preguntas en el Universo hay orden? En el Universo hay un orden perfecto que fue de donde surgimos. Sólo basta ver una célula. La célula es el mini Universo dentro de nosotros donde el DNA pasa a RNA y el RNA a proteínas y esto ocurre en perfecto orden. Como puedes ver, hay una energía organizadora inteligente, mucho más sabia y perfecta que nosotros mismos. Sólo debemos aprender a depender de ella, ya que sus propósitos son más perfectos que los nuestros.

La salud mental es poder contestar las siguientes preguntas satisfactoriamente:

1) ¿Dios me ama?
2) ¿Cuál es mi propósito?
3) ¿Vale la pena vivir esta Vida?
4) ¿Me amo a mí mismo?

Espero que este libro te haya ayudado a contestar estas preguntas con firmeza, para que de día y de noche te mantengas florecido como el árbol de flamboyán. Que Dios los bendiga.

Pour Your humility On Me

When I am trying to come to you

Others pour their fears in to me

But when I am with you

Is where I find myself again

Oh, Jesus Oh Jesus Oh Jesus

Pour your humility on me

Oh, Jesus Oh Jesus Oh Jesus

Pour your humility on me

Don't let my fears overtake me

Don't let doubt invade me

Take this fear from me

Oh, Jesus Oh Jesus Oh Jesus

Pour your humility on me

Oh, Jesus Oh Jesus Oh Jesus

Pour your humility on me

Come with your word of hope

Give me the strength of your grace

Give me your love and peace

Oh, Jesus Oh Jesus Oh Jesus

Pour your humility on me

Oh, Jesus Oh Jesus Oh Jesus

Pour your humility on me

And in my weakness carry me!

Derrama Tu Humildad En Mí

Cuando trato de venir a ti

Otros derraman sus miedos en mí

Pero cuando estoy contigo

Es cuando me encuentro nuevamente

Oh, Jesús Oh Jesús Oh Jesús

Derrama tu humildad en mí

Oh, Jesús Oh Jesús Oh Jesús

Derrama tu humildad en mí

No dejes que mis miedos me sobrelleven

No dejes que la duda me invada

Toma este miedo de mí

Oh, Jesús Oh Jesús Oh Jesús

Derrama tu humildad en mí

Oh, Jesús Oh Jesús Oh Jesús

Derrama tu humildad en mí

Ven con tu palabra de esperanza

Dame la fuerza de tu gracia

Dame, tu amor y tu paz

Oh, Jesús Oh Jesús Oh Jesús

Derrama tu humildad en mí

Oh, Jesús Oh Jesús Oh Jesús

Derrama tu humildad en mí

¡Y cárgame en mi debilidad!

Printed in the United States
By Bookmasters